# 济 南 古 钱

济南市考古研究院　编著

文物出版社

**图书在版编目（CIP）数据**

济南古钱 / 济南市考古研究院编著. -- 北京：文物出版社, 2021.12

ISBN 978-7-5010-7259-0

Ⅰ.①济… Ⅱ.①济… Ⅲ.①古钱（考古）—研究—济南 Ⅳ.①K875.64

中国版本图书馆CIP数据核字（2021）第217878号

# 济 南 古 钱

编　　著：济南市考古研究院

装帧设计：秦　彧
责任编辑：秦　彧
器物摄影：张　冰
责任印制：张道奇

出版发行：文物出版社
社　　址：北京市东城区东直门内北小街2号楼
邮　　编：100007
网　　址：http://www.wenwu.com
经　　销：新华书店
印　　刷：北京荣宝艺品印刷有限公司
开　　本：889mm×1194mm　1/16
印　　张：8.5
版　　次：2021年12月第1版
印　　次：2021年12月第1次印刷
书　　号：ISBN 978-7-5010-7259-0
定　　价：198.00元

# 《济南古钱》编委会

主　　编：李　铭

副 主 编：邢　琪　郭俊峰

参编人员：房　振　刘丽丽　郝素梅　杨　阳

　　　　　何　利　刘秀玲　丁文慧　胡　娟

　　　　　曹　帅　颜　奕　柴　懿

# 目　录

济南市考古研究院藏古钱初探

邢 琪 郭俊峰 李 铭

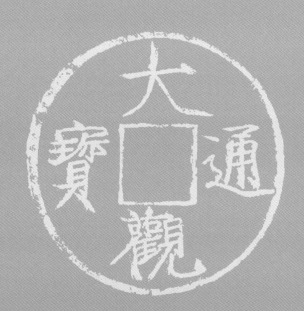

人类从自给自足到物物交换，再到以货币为等价物的交换，最后到纸币为支付手段甚至现在的数字支付的历史也是一部人类社会经济发展史。考古发掘出土的钱币，给我们展示了济南地区从贝币到圆形方孔钱到银元的发展历程，展示了济南经济的发展脉络，反映了在漫长的历史长河中，济南地区的先民创造了灿烂的物质文明。

## 一 济南地区的货币出土情况

济南是文物大市，文物资源丰富。济南市考古研究院（原济南市考古研究所）自1997年成立以来，先后发掘中型以上遗址和墓葬200余处，发掘面积20余万平方米，共发掘墓葬3000余座，出土文物总量10000件（套）。货币主要出土于各个时期的墓葬之中，以济南魏家庄墓地和章丘女郎山墓地最具代表性。2008年12月至2010年7月，为配合济南市魏家庄片区的城中村改造以及万达广场的建设工程，济南市考古研究院对魏家庄墓地进行了考古勘探和发掘工作，共发现战国至明清时期墓葬168座，其中战国墓葬1座、汉代墓葬96座、唐代墓葬2座、宋元墓葬28座、明清墓葬19座。2009年3月至7月，为配合章丘市第三职业中专的建设，济南市考古研究院对章丘女郎山墓地进行考古发掘工作，共发掘汉代至明清墓葬417座，其中汉代墓葬80座、唐代墓葬8座、宋代墓葬110座、金代墓葬8座、元代墓葬22座、明代墓葬84座、清代墓葬105座。这两处墓地延续时间较长，墓葬数量较多，出土古代货币的种类和数量也较多，为我们研究济南地区古代社会经济提供重要资料。

此外，济南地区曾多次发现货币窖藏，如2001年济南泉城路发现金代铜钱窖藏，2002年高都司巷发现唐代晚期铜钱窖藏，2003年济南贤文庄发现北宋晚期铜钱窖藏，华阳宫发现民国时期银元窖藏。这四处货币窖藏出土的货币数量较多，种类多样，极大地丰富了济南市考古研究院的馆藏货币种类，也为我们研究济南地区古代社会经济提供了新的角度。

## 二 货币所反映的济南地区古代社会经济

### （一）战国时期

济南市考古研究院藏战国货币主要包括贝币、骨贝币（图1）及先秦半两钱，此外，1972年济南千佛山曾发现一座战国墓，出土燕国明刀、齐国刀币（图2）共计一百余枚，现藏于济南市博物馆。大宗骨贝币、明刀、齐刀的出土表明，济南地区在战国时期已经较为富庶，与外地的交流较为广泛。

### （二）汉代时期

济南市考古研究院藏汉代货币主要包括西汉半两、西汉五铢及东汉五铢。汉代时人们事死如生，厚葬成风，无论是大中型墓葬，还是小型的平民墓葬，墓葬内大多随葬一定数量的铜钱。因厚葬成风，也导致墓葬被盗严重，尤其是大中型墓葬，由于地表封土较高大，辨识度较高，因此更是难逃被盗掘的厄运。如济阳白杨店村汉墓、三官庙村汉墓、济南药山汉墓等，均被盗掘。这些大墓大多经过多次盗掘，但是仍出土一定数量的汉代铜钱，由此可见下葬时随葬铜钱的数量之多。济南市考古研究院发掘的汉代墓葬及遗址较多，其中魏家庄汉代墓地（图3）最具代表性，该墓地共发掘汉代小型墓葬96座，均未被盗掘，墓葬时代主要为西汉中期至晚期，少量为西汉早期及东汉时期。大多数墓葬均随葬有铜钱，少者一、二枚，多者近三百枚。这些现象表明，汉代时济南地区的社会经济进一步发展，社会分化也较为明显。

图 1　中银大厦战国墓出土骨贝币

图 2　千佛山战国墓出土齐国刀币

（三）新莽时期

　　济南市考古研究院藏新莽时期货币主要包括大泉五十、小泉直一、货布及货泉，均是新莽时期铸造量较大的货币种类，但是出土数量较少。由于新莽时期年代持续时间较短且社会动荡，济南地区发现的新莽时期墓葬数量相对较少，主要包括章丘孙家东南墓地中的少数墓葬。这或许表明，济南地区在新莽时期社会动荡的大背景之下，社会经济受到的冲击较为明显。

图 3　魏家庄墓地典型汉墓出土青铜器

（四）魏晋南北朝至隋代

济南市考古研究院藏这一时期货币主要包括曹魏五铢、东吴大泉当千、北魏永安五铢、北齐常平五铢、北周五铢、北周五行大布、隋五铢，数量均较少。这些货币主要发现于高新区西晋墓（图4）、机床四厂墓地中的少量北朝墓葬（图5）以及章丘合庄墓地中的少量隋代墓葬。这一时期的政权数量较多且延续时间较短，货币铸造量相对较少，而且长期的战乱必然导致社会经济深受其害，墓葬中出土的少量铜钱便是例证。此外，高新区西晋墓发现的东吴大泉当千铜钱表明，三国时期济南与南方地区存在一定程度的经济交往及人员流动。

（五）唐代及五代十国时期

济南市考古研究院藏这一时期货币主要包括开元通宝、乾元重宝、周元通宝以及唐国通宝，除开元通宝、乾元重宝外，其他货币数量均较少。济南地区发现的唐代墓葬和遗址数量较少，包括商河西甄、济阳前刘、济南刘家庄等十余处唐代墓葬，这些墓葬中出土的货币数量普遍偏少。而泉城路、贤文庄、高都司巷（图6）的窖藏铜钱中，唐代的开元通宝、乾元重宝均占有一定的比例，尤其是开元通宝，种类多样，基本上涵盖了唐代的早中晚三期，其中的会昌开元包括昌、京、洛、兖、润、越、宣、荆、兴、益、广等，种类较多，尤其是广、荆两地距离济南较远，充分说明唐代时济南地区发达的商品经济以及人口流动的频繁。少量南唐货币与大量唐代货币的差距表明，唐代货币在南唐时期仍然占据市场流通的主要地位。

图 4　高新区西晋墓

图 5　历下区机床四厂墓地北朝土洞墓

图6　高都司巷发现窖藏铜钱

（六）北宋

济南市考古研究院藏宋代货币的数量、种类是各个朝代之中最多的。历年发掘的大多数宋代、金代以及元代墓葬中均出土一定数量的宋代货币。宋朝建立后，承袭后周宝钱制度铸行"宋元通宝"，其后历代皇帝继任，每次改元，基本上都以年号为钱名铸新钱。在《中国古钱谱》中，北宋30种铜钱中有28种为年号钱。济南市考古研究院藏宋代货币中，包括宋元通宝、太平通宝、淳化元宝、至道元宝、咸平元宝、景德元宝、祥符元宝、祥符通宝、天圣元宝、天禧通宝、明道元宝、景祐元宝、皇宋通宝、庆历重宝、至和元宝、至和通宝、嘉祐元宝、嘉祐通宝、至平元宝、至平通宝、熙宁元宝、熙宁重宝、元丰通宝、元祐通宝、绍圣通宝、元符通宝、圣宋元宝、崇宁重宝、崇宁通宝、大观通宝、政和通宝、宣和通宝，除重和通宝、宣和元宝、靖康元宝等铸造量极少的铜钱外，基本上涵盖了北宋时期的所有铜钱种类，而且数量较大。其中部分铜钱具有不同的字体，如淳化元宝、至道元宝分为真、行、草三种字体，崇宁通宝、大观通宝则为宋徽宗御书的"瘦金体"，均具有较高的书法价值。而且部分铜钱还有小平钱与折二、折十的区别。济南地区出土宋代货币较多，一方面与宋代时货币铸造量较大有关，另一方面也与宋代时济南地区较为发达的商品经济相关。宋代济南初为齐州，属京东路。宋徽宗政和六年（1116年）升为济南府，辖历城、禹城、章丘、长清、临邑5县，治所设历城，为府治之始。随着济南政治地位的提高，生产力进一步发展，生产关系组织也发生变化，手工业和商业都有了显著的进步，货币的应用和流通也日趋活跃。

2003年济南贤文庄北宋晚期窖藏铜钱的形成原因很可能与宋末农民起义或者宋金战争有关。这为研究济南地区北宋社会经济、宋金关系、北宋农民战争提供了新材料。

（七）金代

济南地区出土金代铜钱主要包括正隆元宝、大定通宝，大多出土于金代墓葬之中，数量均较少，这与金代时期的货币政策有关。金朝先后使用了四种货币，分别为铜钱、交钞、铁钱和银锭，交钞和法定银币的流通开创了中国货币史上的先河。金初使用辽、宋旧钱和刘豫降金后于建炎四年所铸的阜昌元宝、阜昌重宝。海陵王正隆二年，金朝开始铸造铜钱"正隆元宝"，其后铸造"大定通宝""泰和重宝"等铜钱，其铸造量均较少，这几种铜钱为金代的贸易提供了较大的便利。金代立国之初，其货币经济还处于萌芽时期，这时经济刚刚恢复，对于钱币的需求量还较小，而且在灭辽侵宋过程中掠夺了大量的金钱财富，其铜钱数量较多，所以在这个时期利用辽宋的铜钱就可以满足当时货币流通的需要。在当时流通中的铸币都需要利用铜来进行制造，而在金朝统治区内其铜矿资源较为缺乏，所以金朝统治者利用禁铜令禁止民间利用铜来做器皿，并派专人来寻找铜矿，对于人民节约用铜的行为进行奖励。虽然采取了诸多的措施，使金朝在铜币铸造上坚持了一段时间，但由于铜资源的严重匮乏再加之铸币时成本较高，所以金朝铸铜钱仅坚持了四十余年的时间，就再也没有其他年号的铜钱进行流通使用。

此外，济南地区还出土有南宋的建炎通宝、绍兴元宝、绍兴通宝，这些铜钱的发现表明当时济南地区与南宋区域之间的经济交流、贸易往来较为频繁，持续时间也较长。

2001年济南泉城路金代窖藏铜钱的发现为研究济南地区的金代社会经济提供了新材料。该批窖藏铜钱数量较多，以宋钱占绝大多数，表明金代时社会经济进一步发展，而且流通领域仍然存在大量前朝旧钱，该窖藏铜钱的形成原因很可能与始于金代正隆年间的铜禁政策有关。

（八）元代

济南地区出土元代货币只有至大通宝一种，多出土于元代墓葬之中，如郎茂山元代家族墓（图7）、

图 7　郎茂山路元代家族墓 M2 门楼

元代郭氏家族墓等。数量较少的元代铜钱，从侧面说明了元代的货币政策。蒙元入主中原统治中国时，所到之处大肆屠杀和掠夺，使宋代发展起来的手工业和商业受到严重破坏，特别是汉族民间商业一度停滞甚至倒退，元政权自建立之初就推行纸币，世祖中统元年即下令印制"中统元宝"纸钞，从十文至二贯共九等，不限年月，诸路通行。元代实行以银为本位币制，每二贯纸钞准白银一两，每五十两银为一锭。刚开始印造纸钞时，元政府还以银为本，发行额度有限。后因国用不足，日渐滥发，造成钞价大跌，最终变成废纸。元代虽然也曾在世祖、武宗、顺帝三朝铸行过铜钱，但因铜产量不足等原因而难以通行。元代初期，济南地区就已经有着发达的商业与手工业。当时，意大利人马可波罗在游记中记载，济南市场繁荣，城郊全是果园，丝织业极为发达，还赞美济南"园林美丽，堪阅心目"。此外，章丘东姚元代壁画墓地、元代郭氏家族墓地等数量较多的元代砖雕壁画墓也表明，济南地区在元代时较为富庶，人口较多，其中不乏地主、富商阶层。

（九）明代

济南地区出土明代铜钱主要包括洪武通宝、永乐通宝、万历通宝等，数量不多。这种现象同样与明代货币制度有关。明代农业、手工业和商品经济比宋元时期又有了较大的发展，推动济南地区工商业的发展，大量的商品交易，对大币值货币的需求量增大。明初曾下令制造"大明宝钞"纸币，"每钞一贯，准钱千文，银一两。四贯准黄金一两。禁民间不得以金银物货交易，违者罪之。"虽然明政府屡次严令通行纸钞，但民间常用金银交易，至明英宗时："用银之禁，朝野率皆用银，其小者乃用钱。"白银已成为法定的主币，铜钱变成辅币。虽然济南地区出土明代货币较少，但是不可否认的是，济南自洪武九年成为山东首府，随着政治地位的提升，社会经济进一步发展。

需要说明的是，济南地区发现的明代墓葬，随葬的铜钱中，前朝旧钱占据的比例较高，如济南魏家庄明代墓、章丘女郎山明代墓等。尤其是济南服务区明代墓（图8），该墓出土的180枚铜钱中，

图 8　济南服务区明代墓

仅有一枚明代弘治通宝，其余均为唐宋时期钱币。随葬大量的唐、宋钱币，基本可作为北方地区明墓的一个特征来对待。出现这种现象的原因，一方面是由于唐宋时期货币铸造量较大，流传到后世的铜钱数量较多，并且一直在流通，明代流通领域仍有大量的唐宋旧钱，这一点无论是文献记载还是出土实物均能得到证实。另一方面与明代的货币政策有关，明代本朝货币贵于旧钱，且对旧钱多有限制，"弘治二年，改历代钱以二当洪武等钱一"，正德六年改为："历代真正大样旧钱与明钱相兼行使，不许以二折一"。由于历代旧钱与制钱比价多有更改，且使用范围受到限制，加之长期流通磨损程度较大，因此在丧葬礼仪中选用旧钱自然比较合算。

（一〇）清代

济南市考古研究院藏清代货币主要包括顺治通宝、康熙通宝、雍正通宝、乾隆通宝、嘉庆通宝、道光通宝、光绪通宝铜钱以及光绪元宝银元，大多出土于清代墓葬之中。清代也基本沿袭明代的货币制度，实行银钱平行本位，大数用银，小数用钱，而且银钱之间比价大体维持在 1000 文一两上下。作为山东首府的济南，其经济进一步发展，1904 年，山东巡抚周馥与已经升任北洋大臣、直隶总督的袁世凯联名上奏，促成了济南商埠的诞生，开创了我国内陆城市自主开放的先河，进一步推动了济南地区的经济、贸易发展。

（一一）民国时期

济南市考古研究院藏民国货币主要是出土于华阳宫银元窖藏的各类银元，其中还有一定数量的"站洋"。1904 年济南开埠，至民国时期，济南从一座封闭的内陆城市转变为开放的商业城市，迅速成为中国近代商业的重镇。商埠区出现了广货、百货、西药、五金、钟表、染料等新兴行业。济南的商品也开始漂洋过海，国际贸易日益兴盛。德昌洋行生产的发网（欧洲女子用于蒙面）更是远销欧洲。各式建筑如雨后春笋拔地而起。哥特、罗曼、古典、摩登风格的建筑，以及日耳曼式、英吉利式、日本式建筑相继在商埠亮相，丰富了城市的景观，活跃了城市的形象。开埠前，济南是传统的政治中心，经济"大约比沿海城市的发展滞后 40 ~ 50 年"，"只能算一个三流的商业城市"。但在开埠后，山东政府迅速制定了大量"通商惠工"的政策，外国商业资本纷纷涌入，济南一跃成为"山东内陆第一大商贸中心"。1904 年，德国的禅臣洋行首先在济南落户。到 1919 年，在济南设立总行、分行或代理处的欧美洋行已达 15 家。数不清的银行、洋行、老字号及商场纷纷在商埠扎堆。1927 年，济南城关及商埠两地区的商户已达 6700 多家，成为清末城市"自我发展"的一个典范。华阳宫民国银元窖藏的发现，便是民国时期济南地区经济较为发达的例证。

本书从济南市考古研究院发掘的 23 个项目中，选取了 164 个钱币标本予以介绍。钱币是经济发展的产物，本书所选标本，时代自战国延续至民国时期，跨度 2000 余年，展现了济南古代经济的发展史，也是我国古代货币史的重要组成部分。我们期望读者通过阅览本书，一方面能够初步了解济南地区的考古工作，进而了解济南地区的历史发展脉络；另一方面能够对我国古代货币史有初步的了解，感受中华民族向世界贡献的丰富的文化艺术成果，从而凝聚民族精神，展现文化自信。

图版

# 一 战国至隋代

## （一）贝币、骨贝币

出土证据表明，早在夏晚期，贝币已得到使用，商周时期则更为普遍，至秦（公元前221～前207年）废除贝币体系，贝币经历了漫长的演化过程，它们不但为当时社会地区性商业繁荣起到了重要作用，而且也是华夏货币史重要的组成部分。最初由天然海贝加工而成，后又出现骨贝、铜贝等。贝币光洁美观，小巧玲珑，坚固耐磨，便于携带，这类海贝主要出产于中国的东海、南海等地海域。

## 1. 贝币

1999年平阴西山墓地M5出土

长 2.3～2.5、宽 1.6～1.9、

厚 1.4～2.2厘米，重 5.0～8.0克

背部均磨平，底面有齿槽。

2. 骨贝币

1997 年济南泺源大街中银大厦 M1 出土

长 1.6 ～ 1.9、宽 0.5 ～ 1.4、
厚 0.1 ～ 0.5 厘米，重 6.0 ～ 9.0 克

骨质，仿照贝币样式，底面加工有齿槽，
顶面有 1 ～ 2 个穿孔，便于穿绳进行串连。

## （二）半两

在统一六国之前，秦国的主要流通货币称为先秦半两，亦称战国半两。其始铸年代约为公元前336年，秦惠文君二年，"初行钱"。秦始皇二十六年（公元前221年）兼并六国，统一币制。《史记·平准书》记载："及至秦，中一之币为二等，黄金以溢名，为上币。铜钱识曰半两，重如其文，为下币……然各随时而轻重无常。"秦朝半两钱钱文小篆体，字体端正，笔画粗细均匀，工艺工整，然则重量有较大差异。

汉兴，承秦制，仍用半两钱为流通货币。汉初百废待兴，以"秦钱重难用，更令民铸荚钱"，朝廷法定的榆荚钱重三铢。《汉书·高后纪》记载："二年（公元前186年）秋七月，行八铢钱。"钱文曰半两，重如其文，即八铢钱。

因榆荚钱轻且私铸盛行，孝文帝前元五年（公元前175年）改铸行四铢钱，还吸取之前放铸的经验教训，不允许杂铅锡铸钱，又采取市场检查的方法保证铜钱法定重量的执行。由于地方诸侯和民间大肆铸钱，虽有法而不行，"民用钱，郡县不同；或用轻钱，百加若干；或用重钱，平称不受。法钱不立……则市肆异用，钱文大乱"（《汉书·食货志》），导致四铢半两钱字体、笔画和大小、轻重极不统一。

根据《汉书·武帝纪》记载，建元元年（公元前140年）改行三铢钱。建元五年（公元前136年）春，又罢三铢钱，行半两钱。至元狩五年（公元前118年）罢半两钱，改行五铢钱。至此，半两钱正式退出历史舞台。

半两钱自秦惠文王时铸行，秦始皇统一中国后作为统一的货币，到汉武帝行五铢钱，经历了两百多年的发展，总的变化趋势是由大而小，然重量则"随时而轻重无常"，但其方孔圆钱的形制成为此后两千年中国古代货币的基本形制，影响深远。

### 3. 先秦半两

1999 年平阴西山战国墓 M3 出土
直径 2.96 ～ 3.11、穿宽 0.92 厘米，重 5.61 克

无内、外郭，边缘粗糙，有流口。

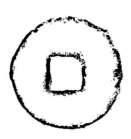

### 4. 西汉半两

2001 年济南泉城路金代铜钱窖藏出土
直径 2.35、穿宽 0.6 厘米，重 3.2 克

无内、外郭，钱文书体扁平，已有隶书
的趋向，对读。

### （三）五铢

《汉书·武帝纪》："（元狩）五年（公元前118年）……罢半两钱，行五铢钱。"《汉书·食货志》又记载："有司言三铢钱轻，轻钱易作奸诈，乃更请郡国铸五铢钱。"这是五铢钱始铸年代，后世谓之"郡国五铢"或"元狩五铢"。五铢钱铸行五年后，由于私铸严重，《汉书·食货志》称："钱多轻，而公卿请令京师铸官赤仄，一当五，赋官用非赤仄不得行。"其后二年，赤仄钱贱。元鼎四年（公元前113年），汉武帝禁郡国铸钱，责令上林三官（三官即水衡都尉所属的钟官、技巧、辨铜三令丞，因水衡设在上林苑，故称上林三官）专铸，历史上首次由朝廷统一货币的铸造发行权。从汉武帝改由三官专铸五铢钱到汉平帝元始年间（1～5年），五铢钱在质地和钱型以及字体上基本保持一致，无大变化。

始建国元年（9年），王莽代汉，禁行五铢钱。后割据地方政权复铸五铢钱。东汉建武十六年（40年）复行五铢，对社会经济发展起积极作用。桓帝时期，货轻钱贱，剪轮钱等大量出现，私铸疯行。灵帝中平三年（186年），铸四出五铢，币制崩溃，劣币充斥市场。献帝初平元年（190年），董卓毁五铢钱，铸无郭的劣质小钱（面文五铢），导致物价飞涨，货币日趋实物化。

魏晋南北朝时期，北魏孝庄帝永安二年（529年）铸"永安五铢"；西魏文帝大统六年（540年）铸"大统五铢"，形制似"永安五铢"。萧梁初期，曾铸"大样五铢"；北齐文宣帝天保四年（553年）铸"常平五铢"。北周时期亦铸行五铢钱。

581年，隋统一后，另铸"开皇五铢"，结束了长达一百余年币制混乱的局面。唐武德四年（621年）铸"开元通宝"钱，废止五铢钱。五铢钱流通七百余年，是中国历史上铸造数量最多，流通时间最久的钱币。

### 5. 西汉五铢

2008年济南魏家庄墓地M163出土
直径2.62、穿宽0.94厘米、重3.42克

钱文篆书，"五"字中间两笔缓曲，与上下两横相交处呈外放状，"铢"字的"金"字头呈镞形，"朱"字头方折。光背。

## 6. 东汉五铢

2003年济南贤文庄北宋铜钱窖藏出土
直径2.65、穿宽0.8厘米，重3.96克

钱文篆书，"五"字中间两笔缓曲，与上下
两横相交处呈外放状，"铢"字的"金"字
头呈三角形，"朱"字头圆折。光背。

## 7. 曹魏五铢

2020年高新区东区街道办山东泉城绿色现代无轨电车
孙村公交综合维修基地项目工地M1出土
直径2.33、穿宽1厘米，重2.05克

钱文篆书，"五"字中间两笔缓曲，与上下两横相
交处呈垂直状，"铢"字的"金"字头呈三角形，"朱"
字头方折，边郭"压五压金"。光背。

 **8. 北魏永安五铢**

2021 年历下区机床四厂墓地 M3 出土
直径 2.29、穿宽 0.88 厘米，重 3.19 克

钱文篆书，对读，"五"字中间两笔斜直，
与上下两横相交处呈外放状，"铢"字的"金"
字头呈三角形，"朱"字头方折。光背。

 **9. 北齐常平五铢**

2021 年历下区机床四厂墓地 M53 出土
直径 2.43、穿宽 0.86 厘米，重 3.98 克

钱文篆书，对读，"五"字中间两笔缓曲，
与上下两横相交处呈外放状，"铢"字的"金"
字头呈三角形，"朱"字头圆折。光背。

## 10. 北周五铢

2001 年济南泉城路金代铜钱窖藏出土
直径 2.5、穿宽 0.85 厘米，重 2.41 克

正面有穿、郭，钱文篆书，字体较小，"五"字中间两笔斜直，"铢"字的"金"字头呈镞形，"朱"字头方折。光背。

## 11. 隋五铢

2018 年宁阳柳沟新村西南隋唐制瓷遗址 G1 出土
直径 2.3、穿径 0.7 厘米，重 2.25 克

钱文篆书，"五"字中间两笔斜直，与上下两横相交处呈外放状，"铢"字的"金"字头呈三角形，"朱"字头方折。光背。

### (四) 新莽大泉五十

居摄元年（6 年），王莽摄政，变汉制。其在位期间仿效周制进行四次币制改革，造成社会大动荡，给人民带来深重的灾难。居摄二年（7 年），始铸错刀、契刀和大钱五十，与五铢钱并行。错刀一值五千，契刀一值五百，大钱一值五十，五铢价值一。钱文篆文，为避王莽忌讳，把"钱"字改为"泉"。地皇元年（20 年），"大泉五十"禁止使用。王莽钱币虽然种类繁多，但其中行使时间最长的就是"大泉五十"，期间屡有新铸，加之王莽改西汉三官铸钱为郡国铸钱，故钱文字体、大小、轻重极不统一。

12. 大泉五十

2003 年济南华信路逸东花园墓葬出土
直径 2.78、穿宽 0.73 厘米，重 6.01 克
钱文篆书，对读。光背。

13. 大泉五十

2003 年济南华信路逸东花园墓葬出土
直径 2.59、穿宽 0.76 厘米，重 4.19 克
钱文篆书，对读。光背。

### （五）新莽小泉直一

　　始建国元年（9年），王莽实行第二次货币改革，禁铸错刀、契刀和五铢钱，作"小泉直一"小钱，与之前的"大泉五十"并行。按照新莽货币制度一枚"小泉直一"相当于一枚五铢钱的价值，也是新莽布泉体系的基本单位。由于新莽货币制度目的在于利用虚值大钱快速搜刮民间财富，自然得不到民众的支持，六泉十布制度旋即即废。"小泉直一"虽然流通时间不长，但是由于是新莽货币体系的最小货币单位，铸造量极大。

### 14. 小泉直一

2018 年济南章丘区孙家东墓地二区 M20 出土
直径 1.47、穿宽 0.38 厘米，重 0.83 克
钱文篆书，对读。光背。

### 15. 小泉直一

2018 年济南章丘区孙家东墓地二区 M20 出土
直径 1.45、穿宽 0.39 厘米，重 1.25 克
钱文篆书，对读。光背。

## （六）新莽货泉、货布

　　天凤元年（14年），王莽进行第四次货币改革，铸行货布和货泉。据《汉书·食货志》记载："货布……重二十五铢，直货泉二十五。货泉……重五铢……枚直一。"货泉属小钱，面无郭或有郭，外有单郭或重郭等，铸造工艺精粗不一，大小轻重悬殊。货布制作较"十布（小布一百、幺布二百、幼布三百、序布四百、差布五百、中布六百、壮布七百、第布八百、次布九百、大布黄千）"厚实工整，面背及穿孔有郭，中竖线止于穿下，"货布"二字作垂针篆列于两侧。

### 16. 货泉

2003 年济南贤文庄北宋铜钱窖藏出土
直径 2.31、穿宽 0.71 厘米，重 1.84 克
钱文篆书。光背。

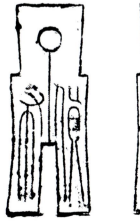

 **17. 货布**

2011 年济南天地广场 H23 出土

通长 5.74、宽 2.38、足长 1.95 厘米，重 16.15 克

钱文篆书，平首，平肩，上部有穿，下部有裆，平足，穿及面背均有郭和外缘。光背。

### （七）东吴大泉当千

三国吴孙权赤乌元年至九年（238～246年）所铸大钱。篆书"大泉当千"四字旋读，一当五铢钱一千，是继王莽之后最大的虚值钱。遭社会抵制后，孙权即令停铸并使官府作价收回，然覆水难收，民间因贪其巨值多以私铸减重钱通行，故传世"大泉当千"所见不鲜。又江浙民间更有仿制盗铸之"大泉二千""大泉五千"钱，其数甚微，史志不载。

**18. 大泉当千**

2020年济南高新区东区街道办山东泉城绿色现代无轨电车孙村公交综合维修基地项目工地 M1 出土

直径 2.52、穿宽 1.01 厘米，重 2.14 克

钱文篆书，旋读。光背。

### （八）北周五行大布

北周武帝宇文邕建德三年（574年）始铸，以一当十，与布泉、五铢并行。面文"五行大布"玉箸篆，钱文及制作均极为精美，为著名的"北周三品"（布泉、五行大布、永通万国）之一。五行大布有大、中、小型三种。

北周铸"五行大布"钱与当时文化、经济、政治斗争有着直接的关系。当时佛教势力控制的和尚有三百万之多，这使得国家的土地和户口受到威胁，赋税得不到保证。加上当时的战事、蝗灾、旱灾等因素，最后罢佛、道两教势力，但对道教不敌视，意味深长地铸行了"五行大布"钱。

**19. 北周五行大布**

2021年历下区机床四厂墓地M5出土
直径2.79、穿宽0.8厘米，重4.57克
钱文篆书，对读。光背。

# 二　唐五代十国

## （一）唐开元通宝

唐高祖武德四年（621年），废"五铢"钱，铸行"开元通宝"钱，每一文重一钱，十钱重一两。唐代近三百年中，"开元通宝"是主要的流通货币，期间虽然也铸行"乾元重宝""乾元通宝"等，但因铸行时间短，发行量相对少，流通地域不够广等原因、无法动摇"开元通宝"在唐代货币体系中的主体地位。

"开元通宝"钱文为隶书体，对读，根据字体变化和背面有无钱文符号等，大体可以分为早、中、晚三期。早期自唐高祖武德四年至玄宗末年（621～755年），主要特征为背面光素，无钱文符号，钱文"開"字内的"井"为升井，"元"字首笔较短，"通"字走之部为三撇。中期自肃宗至德元年至文宗开成末年（756～840年），主要特征为背面多现星、月等钱纹符号，"開"字内的"井"多为降井，"元"字首笔变长，"通"字走之部由三撇变为拐折。晚期自武宗会昌元年至哀宗末年（841～907年），主要特征为背面星、月等钱文符号种类繁杂，钱文字体相对变小，特别是会昌五年（845年）铸造的"开元通宝"，钱背多铸有"昌、京、蓝、丹、洛、兖、平、荆、襄、梁、兴、润、越、福、宣、鄂、潭、益、梓、廣、桂、永"等纪地名称，为地方铸钱。

此外，唐代早期已经出现私铸钱，主要铸行于唐代中晚期，字体风格仿照同时期官铸开元通宝钱，尺寸普遍偏小，直径2.3厘米左右。铜质较差，锈蚀较重，钱文大多模糊不清。

**20. 唐开元通宝**

2003年济南贤文庄北宋铜钱窖藏出土
直径2.52、穿宽0.57厘米，重3.86克
钱文篆书，对读，"元"字的第一笔
较短。光背。

###  21. 唐开元通宝

2003 年济南贤文庄北宋铜钱窖藏出土
直径 2.45、穿宽 0.62 厘米，重 4.13 克
钱文篆书，对读，"元"字第一笔较
长。光背。

### 22. 唐开元通宝（背月）

2003 年济南贤文庄北宋铜钱窖藏出土
直径 2.5、穿宽 0.69 厘米，重 3.65 克
钱文篆书，对读，"元"字第一笔较长。
背穿上有一仰月。

### 23. 唐开元通宝（背月）

2003 年济南贤文庄北宋铜钱窖藏出土
直径 2.5、穿宽 0.62 厘米，重 3.94 克
钱文篆书，对读，"元"字第一笔较长。
背穿上有一仰月。

### 24. 唐开元通宝（背月）

2003 年济南贤文庄北宋铜钱窖藏出土
直径 2.47、穿宽 0.65 厘米，重 3.4 克
钱文篆书，对读，"元"字第一笔较
长。背穿左有一长甲痕。

## 25. 唐会昌开元通宝（背京）

2002 年济南高都司巷唐代晚期铜钱窖藏出土

直径 2.35、穿宽 0.6 厘米，重 4 克

钱文隶书，对读，背穿上有一"京"字。

## 26. 唐会昌开元通宝（背兴）

2002 年济南高都司巷唐代晚期铜钱窖藏出土

直径 2.38、穿宽 0.61 厘米，重 3.11 克

钱文模糊不清，对读。背穿上有一"兴"字。

**27. 唐会昌开元通宝（背潭）**

2002 年济南高都司巷唐代晚期铜钱窖藏出土
直径 2.31、穿宽 0.62 厘米，重 2.99 克

钱文隶书，对读，背穿左有一"潭"字。

**28. 唐会昌开元通宝（背越）**

2002 年济南高都司巷唐代晚期铜钱窖藏出土
直径 2.34、穿宽 0.64 厘米，重 3.12 克

钱文隶书，对读，背穿下有一"越"字。

**29. 唐会昌开元通宝（背荆）**

2002 年济南高都司巷唐代晚期铜钱窖藏出土
直径 2.49、穿宽 0.52 厘米，重 3.85 克

钱文隶书，对读，背穿右有一"荆"字。

**30. 唐会昌开元通宝（背昌）**

2002 年济南高都司巷唐代晚期铜钱窖藏出土
直径 2.37、穿宽 0.59 厘米，重 3.74 克

钱文隶书，对读。背穿上有一"昌"字。

### 31. 唐会昌开元通宝（背洛）

2002 年济南高都司巷唐代晚期铜钱窖藏出土
直径 2.43、穿宽 0.58 厘米，重 4.79 克

钱文隶书，对读。背穿上有一"洛"字。

### 32. 唐会昌开元通宝（背宣）

2002 年济南高都司巷唐代晚期铜钱窖藏出土
直径 2.3、穿宽 0.62 厘米，重 2.76 克

钱文隶书，对读。背穿左有一"宣"字，
穿上有一月痕。

**33. 唐会昌开元通宝（背兖）**

2002年济南高都司巷唐代晚期铜钱窖藏出土

直径 2.36、穿宽 0.55 厘米，重 3.71 克

钱文隶书，对读。背穿上有一"兖"字。

**34. 唐会昌开元通宝（背润）**

2002年济南高都司巷唐代晚期铜钱窖藏出土

直径 2.36、穿宽 0.64 厘米，重 3.98 克

钱文隶书，对读。背穿上有一"润"字。

### (二) 唐乾元重宝

"安史之乱"后，唐朝经济衰落，百业凋零，为了筹措军费，填补财政亏空，唐肃宗于乾元元年（758年）铸行"乾元重宝"，一当"开元通宝"钱十。乾元二年又铸重轮"乾元重宝"钱，一当"开元通宝"钱五十。肃宗上元元年（760年）又规定一重轮"乾元重宝"当"开元通宝"钱三十。代宗宝应元年（762年）改一"乾元重宝"当"开元通宝"二，一重轮"乾元重宝"当"开元通宝"三。"乾元重宝"的发行虽然经过多次调整，依然不能解救朝廷财政困难，反而引发更为严重的通货膨胀，物价飞涨，民不聊生，怨声载道。唐代宗宝应元年四月停铸"乾元重宝"，并逐步退出流通领域。

### 35. 乾元重宝

2003年济南贤文庄北宋铜钱窖藏出土
直径2.51、穿宽0.65厘米，重4.19克
钱文隶书，对读，字体较大。光背。

### 36. 乾元重宝（背月）

2003 年济南贤文庄北宋铜钱窖藏出土
直径 2.43、穿宽 0.58 厘米，重 3.31 克
钱文隶书，对读，"重""宝"两
字较瘦长。背穿下有一俯月。

### 37. 乾元重宝

2003 年济南贤文庄北宋铜钱窖藏出土
直径 2.4、穿宽 0.61 厘米，重 3.12 克
钱文隶书，对读。光背。

### （三）后周周元通宝

五代十国货币，周世宗显德二年（955 年）始铸。该钱仿唐"开元通宝"钱制铸钱，名"周元通宝"。铜质小平，隶书对读，"元"字第二笔左挑，背有月纹、星纹或星月纹。星纹或左、右或上、下，月纹不常其处，或上或下或左或右，或穿之一角。

### 38. 周元通宝（背星）

1999 年平阴西山墓地 M1 出土

直径 2.54、穿宽 0.63 厘米，重 3.81 克

钱文隶书，对读。背面穿左有一星。

### （四）南唐唐国通宝

　　五代十国货币，南唐李璟交泰元年（958年）始铸。南唐因在与北方后周的军事战争中战败，被迫割地赔款，以致"府藏空竭，钱货益少"，南唐中主李璟遂铸行"唐国通宝"钱。多为铜钱，也有铅钱，钱文有篆书、隶书和真书三种，均为对读。

**39. 唐国通宝（背月）**

2003年济南贤文庄北宋铜钱窖藏出土
直径2.47、穿宽0.5厘米，重3.75克
钱文隶书，对读。光背。

### （五）南唐开元通宝

五代十国货币，南唐李璟显德六年（959年）始铸。南唐开元通宝基本延续中唐开元通宝钱的特点并有所发展，开创对钱，即除字体不同其余特征完全相同的一组钱。南唐开元通宝有篆书和隶书两种，其中隶书基本沿袭唐制。无论篆书还是隶书，做工均很精美。

**40. 南唐开元通宝**

2003 年济南贤文庄北宋铜钱窖藏出土
直径 2.55、穿宽 0.55 厘米，重 4.39 克
钱文隶书，对读，缘较宽。光背。

宋 **41. 南唐开元通宝**

2003 年济南贤文庄北宋铜钱窖藏出土

直径 2.45、穿宽 0.55 厘米，重 3.91 克

钱文篆书，字体较小，对读。光背。

### （六）南唐大唐通宝

五代十国货币，南唐李璟所铸。《十国春秋》记载："元宗又铸大唐通宝，与唐国通宝通用"。数年之后，盗铸蜂起、渐次轻小。钱文隶书，对读，有光背及背上仰月纹者。以大、小区为二种。

**42. 大唐通宝 （背月）**

2015 年济南历城区赵家庄宋金墓地 M3 出土

直径 2.15、穿宽 0.6 厘米，重 2.39 克

钱文隶书，对读。背穿上有一仰月纹。

# 三　宋代

## （一）宋元通宝

宋太祖建隆元年（960年）始铸。960年赵匡胤取代后周建立宋朝，改元建隆，承袭后周宝钱制度，铸行"宋元通宝"，为国号加宝文的国号钱。有铜钱和铁钱，钱文隶书体，对读，背面大多光素，也有星、月纹等符号，版别较多。

43.宋元通宝

2003年济南贤文庄北宋铜钱窖藏出土
直径2.5、穿宽0.6厘米，重3.62克
钱文隶书，对读。光背。

### （二）太平通宝

宋太宗太平兴国年间（976～984年）铸。976年，宋太宗赵光义即位，改年号"太平兴国"，以期成就一番大事业，并以年号为钱名铸行"太平通宝"钱。钱文隶书体，对读，背面光素或有星、月纹等符号。

**44. 太平通宝**

2003年济南贤文庄北宋铜钱窖藏出土
直径2.46、穿宽0.6厘米，重4.1克
钱文隶书，对读。光背。

## （三）淳化元宝

宋太宗淳化年间（990～994年）铸。据《续资治通鉴长编》卷三十一记载："国初，钱文曰宋元通宝，乙未，又改铸淳化元宝钱，上亲书其文，作真、草、行三体。自后，每改元必更铸，以年号元宝为文。"钱文顺时针旋读，有真、行和草书三种字体，开宋代多书体钱制之先河。

**45. 淳化元宝**

2003年济南贤文庄北宋铜钱窖藏出土

直径2.45、穿宽0.51厘米，重3.94克

钱文真书，旋读。光背。

**46. 淳化元宝**

2003 年济南贤文庄北宋铜钱窖藏出土
直径 2.45、穿宽 0.45 厘米，重 4.36 克
钱文行书，旋读。光背。

**47. 淳化元宝**

2003 年济南贤文庄北宋铜钱窖藏出土
直径 2.48、穿宽 0.52 厘米，重 4.23 克
钱文草书，旋读。光背。

## （四）至道元宝

宋太宗至道年间（995～997年）铸。钱文有真书、行书和草书三种书体，顺时针旋读。背面大多光素，偶见有星纹符号。

**48. 至道元宝**

2003年济南贤文庄北宋铜钱窖藏出土

直径2.52、穿宽0.54厘米，重4.5克

钱文真书，旋读。光背。

**49. 至道元宝**

2003 年济南贤文庄北宋铜钱窖藏出土
直径 2.5、穿宽 0.54 厘米，重 4.2 克
钱文行书，旋读。光背。

**50. 至道元宝**

2003 年济南贤文庄北宋铜钱窖藏出土
直径 2.5、穿宽 0.55 厘米，重 4.1 克
钱文草书，旋读。光背。

## （五）咸平元宝

　　宋真宗咸平年间（998～1003年）铸。钱文真书体，顺时针旋读。常见背面光素，偶见背面有星纹等符号。

**宋**　51. 咸平元宝

2003年济南贤文庄北宋铜钱窖藏出土
直径2.5、穿宽0.53厘米，重3.9克
钱文真书，旋读。光背。

### （六）景德元宝

宋真宗景德年间（1004 ～ 1007 年）铸，为宋真宗在位期间的第二个年号钱。钱文真书体，顺时针旋读。

**52. 景德元宝**

2003 年济南贤文庄北宋铜钱窖藏出土
直径 2.48、穿宽 0.55 厘米，重 3.64 克
钱文真书，旋读。光背。

### （七）祥符元宝、祥符通宝

宋真宗祥符年间（1008～1016 年）铸，为宋真宗的第三个年号钱，有元宝和通宝两种。钱文真书，顺时针旋读，背面多为光素，偶见有星、月纹符号。

宋 **53. 祥符元宝**

2003 年济南贤文庄北宋铜钱窖藏出土
直径 2.5、穿宽 0.5 厘米，重 4.33 克
钱文真书，旋读。光背。

宋 **54. 祥符通宝**

2003 年济南贤文庄北宋铜钱窖藏出土
直径 2.5、穿宽 0.55 厘米，重 4.14 克
钱文真书，旋读。光背。

### （八）天禧通宝

宋真宗天禧年间（1017～1021年）铸，为宋真宗在位期间的第四个年号钱。钱文真书体，顺时针旋读。

#### 55. 天禧通宝

2003年济南贤文庄北宋铜钱窖藏出土
直径2.6、穿宽0.6厘米，重4.06克
钱文真书，旋读。光背。

## （九）天圣元宝

宋仁宗天圣年间（1023～1032年）铸。钱文有真书和篆书两种书体，顺时针旋读。

**56. 天圣元宝**

2003年济南贤文庄北宋铜钱窖藏出土
直径2.51、穿宽0.55厘米，重4.52克
钱文真书，旋读。光背。

**57. 天圣元宝**

2003年济南贤文庄北宋铜钱窖藏出土
直径2.5、穿宽0.55厘米，重4.21克
钱文篆书，旋读。光背。

### （一〇）明道元宝

宋仁宗明道年间（1032～1033年）铸。钱文有真书和篆书两种书体，顺时针旋读，背面光素。

**58. 明道元宝**

2003年济南贤文庄北宋铜钱窖藏出土

直径2.5、穿宽0.56厘米，重4.23克

钱文真书，旋读。光背。

**59. 明道元宝**

2003年济南贤文庄北宋铜钱窖藏出土

直径2.6、穿宽0.65厘米，重3.92克

钱文篆书，旋读。光背。

### （一一）景祐元宝

宋仁宗景祐年间（1034～1036年）铸。钱文有真书和篆书两种书体，顺时针旋读，背面光素。

#### 60. 景祐元宝

2003年济南贤文庄北宋铜钱窖藏出土
直径2.55、穿宽0.6厘米，重4.15克
钱文真书，旋读。光背。

#### 61. 景祐元宝

2003年济南贤文庄北宋铜钱窖藏出土
直径2.55、穿宽0.6厘米，重4.45克
钱文篆书，旋读。光背。

## （一二）皇宋通宝

宋仁宗宝元二年（1039 年）始铸的非年号钱。钱文有隶书和篆书两种书体，对读。背面大多光素，少量背面有钱文符号。

**62. 皇宋通宝**

2003 年济南贤文庄北宋铜钱窖藏出土
直径 2.5、穿宽 0.7 厘米，重 4.07 克
钱文隶书，对读。光背。

**63. 皇宋通宝**

2003 年济南贤文庄北宋铜钱窖藏出土
直径 2.5、穿宽 0.7 厘米，重 3.65 克
钱文篆书，对读。光背。

### （一三）庆历重宝（折十）

宋仁宗庆历年间（1041～1048 年）铸，有铜、铁两种，大铁钱钱文规整，铸量大，存世较多。庆历五年（1045 年）铸当十铜钱，有对读，旋读两种。初铸时为折十钱，后改为折三，再改为折二。

**64. 庆历重宝**

2021 年济南泉城路金代铜钱窖藏出土

直径 3.01、穿宽 0.82 厘米，重 7.35 克

折十钱，钱文真书，对读。光背。

**65. 庆历重宝**

2021 年济南泉城路金代铜钱窖藏出土

直径 2.75、穿宽 0.68 厘米，重 6.42 克

折十钱，钱文真书，旋读。光背。

### （一四）至和通宝、至和元宝

宋仁宗至和年间（1054～1056年）铸，有通宝、重宝、元宝三种。钱文有真书和篆书两种书体，对读或顺时针旋读，背面光素。

**66. 至和通宝**

2003年济南贤文庄北宋铜钱窖藏出土
直径2.52、穿宽0.65厘米，重4.36克
钱文真书，对读。光背。

**67. 至和通宝**

2003年济南贤文庄北宋铜钱窖藏出土
直径2.48、穿宽0.65厘米，重4.25克
钱文篆书，对读。光背。

宋 **68. 至和元宝**

2003 年济南贤文庄北宋铜钱窖藏出土

直径 2.48、穿宽 0.7 厘米，重 4.03 克

钱文真书，旋读。光背。

宋 **69. 至和元宝**

2003 年济南贤文庄北宋铜钱窖藏出土

直径 2.4、穿宽 0.55 厘米，重 4.04 克

钱文篆书，旋读。光背。

### （一五）嘉祐通宝、嘉祐元宝

宋仁宗嘉祐年间（1056～1063年）铸，有通宝、元宝两种。钱文有真书和篆书两种书体，对读或顺时针旋读，背面光素。

**70. 嘉祐通宝**

2003年济南贤文庄北宋铜钱窖藏出土
直径2.57、穿宽0.65厘米，重4.62克
钱文真书，对读。光背。

宋**71. 嘉祐通宝**

2003 年济南贤文庄北宋铜钱窖藏出土
直径 2.5、穿宽 0.65 厘米，重 3.64 克
钱文篆书，对读。光背。

## 72. 嘉祐元宝

2003 年济南贤文庄北宋铜钱窖藏出土

直径 2.4、穿宽 0.55 厘米，重 4.3 克

钱文真书，旋读。光背。

**73. 嘉祐元宝**

2003 年济南贤文庄北宋铜钱窖藏出土

直径 2.5、穿宽 0.7 厘米，重 4.6 克

钱文篆书，旋读。光背。

### （一六）治平元宝、治平通宝

宋英宗治平年间（1064 ～ 1067 年）铸，有元宝和通宝两种。钱文有真书和篆书两种书体，对读或顺时针旋读。

**74. 治平元宝**

2003 年济南贤文庄北宋铜钱窖藏出土
直径 2.45、穿宽 0.65 厘米，重 3.55 克
钱文真书，旋读。光背。

**75 治平元宝**

2003 年济南贤文庄北宋铜钱窖藏出土
直径 2.5、穿宽 0.55 厘米，重 4.91 克
钱文篆书，旋读。光背。

宋 76. 治平通宝

2003 年济南贤文庄北宋铜钱窖藏出土
直径 2.45、穿宽 0.651 厘米，重 3.37 克
钱文真书，对读。光背。

宋 77. 治平通宝

2003 年济南贤文庄北宋铜钱窖藏出土
直径 2.5、穿宽 0.65 厘米，重 3.98 克
钱文篆书，对读。光背。

### (一七) 熙宁元宝

宋神宗熙宁年间（1068 ～ 1077 年）铸。有铜、铁之分，均为小平钱，钱文有真书和篆书两种字体，顺时针旋读。

### 78. 熙宁元宝

2003 年济南贤文庄北宋铜钱窖藏出土
直径 2.4、穿宽 0.6 厘米，重 3.62 克
钱文真书，旋读。光背。

**79. 熙宁元宝**

2003 年济南贤文庄北宋铜钱窖藏出土

直径 2.52、穿宽 0.6 厘米，重 4.13 克

钱文篆书，旋读。光背。

**80. 熙宁元宝**

2003 年济南贤文庄北宋铜钱窖藏出土

直径 2.4、穿宽 0.55 厘米，重 4.82 克

钱文篆书，旋读。光背。

### （一八）熙宁重宝

宋神宗熙宁年间（1068 ～ 1077 年）铸。为折二钱。钱文有真、隶、篆三种字体，顺时针旋读。

**81. 熙宁重宝**

2003 年济南贤文庄北宋铜钱窖藏出土

直径 3.1、穿宽 0.65 厘米，重 7.84 克

折二钱，钱文真书，旋读。光背。

**宋** **82. 熙宁重宝**

2003 年济南贤文庄北宋铜钱窖藏出土
直径 3.2、穿宽 0.8 厘米，重 7.26 克

折二钱，钱文隶书，旋读。光背。

**宋** **83. 熙宁重宝**

2003 年济南贤文庄北宋铜钱窖藏出土
直径 2.95、穿宽 0.65 厘米，重 7.97 克

折二钱，钱文篆书，旋读。光背。

### （一九）元丰通宝

宋神宗元丰年间（1078～1085年）铸。有小平钱、折二、折三钱，小平、折二有铜、铁钱，折三为铁钱。小平钱钱文分篆、隶、行，折二、折三分篆、行两种书体，顺时针旋读。

### 84. 元丰通宝

2003年济南贤文庄北宋铜钱窖藏出土
直径2.47、穿宽0.67厘米，重3.51克
钱文行书，旋读。光背。

### 85. 元丰通宝

2003年济南贤文庄北宋铜钱窖藏出土
直径2.45、穿宽0.65厘米，重3.96克
钱文篆书，旋读。光背。

**86. 元丰通宝**

2003 年济南贤文庄北宋铜钱窖藏出土
直径 2.95、穿宽 0.7 厘米，重 8.59 克
折二钱，钱文行书，旋读。光背。

**87. 元丰通宝**

2003 年济南贤文庄北宋铜钱窖藏出土
直径 2.98、穿宽 0.65 厘米，重 7.89 克
折二钱，钱文篆书，旋读。光背。

### (二〇) 元祐通宝

宋哲宗元祐年间（1086～1093 年）铸。小平、折二分铜、铁两种。折三为铁钱。钱文有篆、行二书体，顺时针旋读。

**88. 元祐通宝**

2003 年济南贤文庄北宋铜钱窖藏出土
直径 2.45、穿宽 0.61 厘米，重 4.38 克
钱文行书，旋读。光背。

**89. 元祐通宝**

2003 年济南贤文庄北宋铜钱窖藏出土
直径 2.5、穿宽 0.65 厘米，重 3.41 克
钱文篆书，旋读。光背。

**宋** **90. 元祐通宝**

2003 年济南贤文庄北宋铜钱窖藏出土
直径 3.01、穿宽 0.65 厘米，重 7.2 克
折二钱，钱文行书，旋读。光背。

**宋** **91. 元祐通宝**

2003 年济南贤文庄北宋铜钱窖藏出土
直径 3.05、穿宽 0.6 厘米，重 8.35 克
折二钱，钱文篆书，旋读。光背。

### （二一）绍圣元宝

宋哲宗绍圣年间（1094～1097年）铸。小平、折二有铜、铁两种。折三为铁钱。元宝钱文有篆、行、隶三种书体，顺时针旋读。

**92. 绍圣元宝**

2003年济南贤文庄北宋铜钱窖藏出土

直径2.5、穿宽0.65厘米，重4.05克

钱文行书，旋读。光背。

**93. 绍圣元宝**

2003年济南贤文庄北宋铜钱窖藏出土

直径2.42、穿宽0.55厘米，重4.24克

钱文篆书，旋读。光背。

宋 **94. 绍圣元宝**

2003 年济南贤文庄北宋铜钱窖藏出土

直径 3.08、穿宽 0.7 厘米，重 7.75 克

折二钱，钱文行书，旋读。光背。

宋 **95. 绍圣元宝**

2003 年济南贤文庄北宋铜钱窖藏出土

直径 3.1、穿宽 0.65 厘米，重 10.5 克

折二钱，钱文篆书，旋读。光背。

### （二二）元符通宝

宋哲宗元符年间（1098～1100年）铸。小平、折二有铜、铁两种，折三为铁钱。
通宝钱文有篆、行、真三书体，顺时针旋读。

**96. 元符通宝**

2003年济南贤文庄北宋铜钱窖藏出土
直径2.4、穿宽0.6厘米，重3.54克
钱文行书，旋读。光背。

**97. 元符通宝**

2003年济南贤文庄北宋铜钱窖藏出土
直径2.4、穿宽055厘米，重4.48克
钱文篆书，旋读。光背。

**98. 元符通宝**

2003 年济南贤文庄北宋铜钱窖藏出土

直径 3.15、穿宽 0.6 厘米，重 7.02 克

折二钱，钱文行书，旋读。光背。

### 99. 元符通宝

2003 年济南贤文庄北宋铜钱窖藏出土

直径 3.2、穿宽 0.55 厘米，重 8.9 克

折二钱，钱文篆书，旋读。光背。

## （二三）圣宋元宝

宋徽宗建中靖国年间（1101 年）铸。小平、折二分铜、铁两种。折三为铁钱。元宝钱文有篆、行、隶、真四种书体。顺时针旋读。

**100. 圣宋元宝**

2003 年济南贤文庄北宋铜钱窖藏出土
直径 2.43、穿宽 0.62 厘米，重 3.81 克
钱文行书，旋读。光背。

**101. 圣宋元宝**

2003 年济南贤文庄北宋铜钱窖藏出土
直径 2.48、穿宽 0.6 厘米，重 4.03 克
钱文篆书，旋读。光背。

## 102. 圣宋元宝

2003 年济南贤文庄北宋铜钱窖藏出土
直径 3.05、穿宽 0.6 厘米，重 8.29 克
折二钱，钱文行书，旋读。光背。

宋 **103. 圣宋元宝**

2003 年济南贤文庄北宋铜钱窖藏出土
直径 3.01、穿宽 0.65 厘米，重 7.61 克
折二钱，钱文篆书，旋读。光背。

## （二四）崇宁重宝

宋徽宗崇宁年间（1102～1106年）铸。隶书，折十，有铜、铁两种，对读。

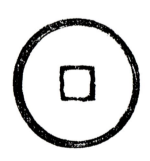

**104. 崇宁重宝**

2003年济南贤文庄北宋铜钱窖藏出土

直径 3.55、穿宽 0.85 厘米，重 9.97 克

折十钱，钱文隶书，对读。光背。

### （二五）崇宁通宝

宋徽宗崇宁年间（1102 ~ 1106 年）铸。分小平、折十，有铜、铁两种，钱文为徽宗亲书瘦金体，顺时针旋读。

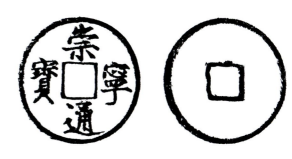

### 105. 崇宁通宝

2003 年济南贤文庄北宋铜钱窖藏出土
直径 3.45、穿宽 0.9 厘米，重 11.15 克

折十钱，钱文瘦金体，旋读。光背。

### （二六）大观通宝

宋徽宗大观元年（1107 年）始铸。分小平、折二、折三、折五、折十等。钱文为徽宗亲书瘦金体，对读。

 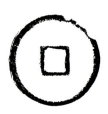

### 106. 大观通宝

2003 年济南贤文庄北宋铜钱窖藏出土

直径 2.45、穿宽 0.55 厘米，重 3.86 克

小平钱，钱文瘦金体，对读。光背。

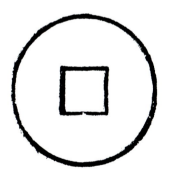

泉 **107. 大观通宝**

1998 年济南七家村墓地 M5 出土

直径 4.12、穿宽 1.07 厘米，重 15.46 克

折十钱，钱文瘦金体，对读。光背。

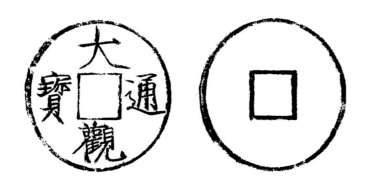

### 108. 大观通宝

1998 年济南七家村墓地 M5 出土
直径 4.15、穿宽 1.06 厘米，重 17.03 克
折十钱，钱文瘦金体，对读。光背。

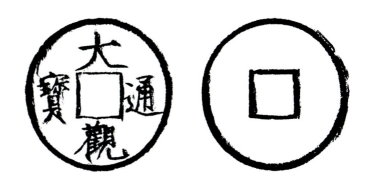

### 109. 大观通宝

1998 年济南七家村墓地 M5 出土

直径 4.13、穿宽 1.08 厘米，重 15.9 克

折十钱，钱文瘦金体，对读。光背。

### （二七）政和通宝

宋徽宗政和年间（1111～1117年）铸。小平、折二有铜、铁两种，折三为铁钱，通宝钱文分篆、隶、真三种书体，对读。

**110. 政和通宝**

2003年济南贤文庄北宋铜钱窖藏出土
直径2.5、穿宽0.6厘米，重3.41克
钱文隶书，对读。光背。

**111. 政和通宝**

2003年济南贤文庄北宋铜钱窖藏出土
直径2.47、穿宽0.6厘米，重4.48克
钱文篆书，对读。光背。

**112. 政和通宝**

2003 年济南贤文庄北宋铜钱窖藏出土

直径 3.13、穿宽 0.6 厘米，重 8.4 克

折二钱，钱文隶书，对读。光背。

**113. 政和通宝**

2003 年济南贤文庄北宋铜钱窖藏出土

直径 3.01、穿宽 0.55 厘米，重 9.15 克

折二钱，钱文篆书，对读。光背。

## （二八）宣和通宝

宋徽宗宣和年间（1119～1125年）铸。分小平、折二，钱文有篆、隶两种书体，小平背纪地"陕"者为瘦金体。

 **114. 宣和通宝**

2021年济南泉城路金代铜钱窖藏出土
直径2.5、穿宽0.61厘米，重3.92克
钱文隶书，对读。光背。

 **115. 宣和通宝**

2021年济南泉城路金代铜钱窖藏出土
直径2.55、穿宽0.55厘米，重3.97克
钱文篆书，对读。光背。

**116. 宣和通宝**

2003 年济南贤文庄北宋铜钱窖藏出土
直径 2.75、穿宽 0.6 厘米，重 6.12 克
折二钱，钱文隶书，对读。光背。

**117. 宣和通宝**

2003 年济南贤文庄北宋铜钱窖藏出土
直径 3.05、穿宽 0.65 厘米，重 7.06 克
折二钱，钱文篆书，对读。 光背。

### （二九）建炎通宝

南宋高宗建炎元年（1127 年）始铸。分小平、折二、折三，钱文有篆、真两种书体，分铜、铁两种。

**118. 建炎通宝**

2021 年济南泉城路金代铜钱窖藏出土
直径 2.93、穿宽 0.66 厘米，重 6.47 克
折二钱，钱文真书，对读。光背。

**119. 建炎通宝**

2021 年济南泉城路金代铜钱窖藏出土
直径 3.16、穿宽 0.64 厘米，重 6.9 克
折三钱，钱文篆书，对读。光背。

### （三〇）绍兴元宝、绍兴通宝

南宋高宗绍兴年间（1131～1162年）铸。元宝分小平、折二、折三，钱文有真书和篆书两种书体，顺时针旋读。通宝亦分小平、折二、折三，书体则皆为真书，钱文对读。

**120. 绍兴元宝**

2021年济南泉城路金代铜钱窖藏出土
直径2.95、穿宽0.72厘米，重5.46克

钱文真书，旋读。背穿上一月痕，穿下一星痕。

### 121. 绍兴元宝

2021 年济南泉城路金代铜钱窖藏出土
直径 2.94、穿宽 0.76 厘米，重 7.26 克
钱文篆书，旋读。光背。

### 122. 绍兴通宝

2021 年济南泉城路金代铜钱窖藏出土
直径 2.93、穿宽 0.77 厘米，重 6.24 克
折二钱，钱文真书，对读。光背。

# 四　金代

## （一）正隆元宝

金代海陵王正隆二年（1157年）始铸。《金史·食货志》中记载成"正隆通宝，轻重如宋小平钱，而肉好文字峻整过之，与旧钱通用"，把元宝写成"通宝"。《金史》一字之误，前辈学者作过考证。如夏荃《退庵钱谱》中说"今正隆钱皆元宝而无通宝……史之略也"。翁树培的《古泉汇考》认为《金史》及《续通考》两书俱作"通宝"，实为史误也。这便是古钱币界常说的"以钱证史，可以校其误也"。

**123. 正隆元宝**

2021年济南泉城路金代铜钱窖藏出土
直径 2.51、穿宽 0.54 厘米，重 3.84 克
钱文真书，旋读。光背。

### (二) 大定通宝

金世宗完颜雍大定十八年（1178年）始铸。钱文仿瘦金体书，版式有小平、折二两种，另有铁钱。折二大钱铸量较少，色灰白，世传其钱料微含银。大定二十八年（1188年）铸造的钱币有干支背文。

**124. 大定通宝**

2019年济南服务区M1出土

直径2.41、穿宽0.53厘米，重3.11克

钱文瘦金体，对读。光背。

### 125. 大定通宝（背申）

2006 年济南北高尔 M1 出土

直径 2.43、穿宽 0.51 厘米，重 3.51 克

钱文瘦金体，对读。背面穿上有汉字"申"。

### 126. 大定通宝（背酉）

2006 年济南北高尔 M1 出土

直径 2.53、穿宽 0.58 厘米，重 3.44 克

钱文瘦金体，对读。背面穿上有汉字"酉"。

# 五 元代

## 至大通宝

元武宗海山至大三至四年（1310～1311年）铸。钱文真书，对读，有小平、折二、折三等，边郭峻深，光背无文者居多。元武宗至大二年（1309年），尚书省奏准变更钞法，并铸大元通宝与至大通宝两种铜钱。使钱钞并行，设泉货监六处，于至大三年初开始铸造行用。至大通宝正面钱文为汉字至大通宝，每一文准至大银钞一厘，十文准大元通宝一文。四年，仁宗即位，罢尚书省，废钱法，复行中统钞，禁用新旧铜钱，已发至大通宝限五十日赴库倒换。自行用至废除，前后仅十八个月。

### 127. 至大通宝

2005年济南郎茂山元代墓出土
直径2.29、穿宽0.46厘米，重3.2克
钱文真书，对读。光背。

# 六　明代

## （一）弘治通宝

　　明孝宗弘治十六年（1503 年）始铸。小平钱，钱文真书，对读。因纸币政策崩溃，宝钞信用无法挽回，明孝宗命两京十三省钱局开铸"弘治通宝"钱，定制每文钱重一钱二分，并规定了每年的铸额。弘治十八年五月朝廷令户部调查各地铸造情况，各地所铸量仅为计划的十分之一二；正德二年四月朝廷下令各省停铸，弘治通宝前后铸期不足四年。弘治通宝因含锡过多而质地不佳，流传于今多数漆黑漫晦。

**128. 弘治通宝**

2019 年济南服务区 M1 出土
直径 2.43、穿宽 0.51 厘米，重 3.51 克
钱文真书，对读。光背。

### （二）崇祯通宝

明毅宗崇祯元年（1628 年）始铸。有小平、折二、折五，又有折十型大钱四种。钱文真书，对读，通宝之"通"字有单点、双点之分。钱背有星月，也有的有奔马图形，俗称"跑马崇祯"。另外有一种背文为满文，据说为清兵入关时所铸，也有人怀疑可能是民间私铸钱。小平、折二、折五钱背文繁杂混乱，有纪重、纪天干、纪局、纪地、纪局兼纪值、吉语钱等，名目繁多，举不胜举，其中以光背及纪地平钱为最多。

**129. 崇祯通宝**

2003 年济南县西巷 J1 出土

直径 2.11、穿宽 0.56 厘米，重 1.39 克

背面穿左有满文"宝"字，穿右有满文"泉"字。

# 七　清代

## （一）顺治通宝

清顺治元年（1644年）始铸。早期钱背光素无纹，为仿明式钱，由户部宝泉局与工部宝源局铸造，发行量不多。顺治十年至十七年（1653～1660年）铸一厘折银钱，于钱背穿左铸直书"一厘"两字，穿右标纪铸局名称，宝泉局和宝源局则分别以"户""工"纪之。"一厘"指折银一厘，表示制钱同银两的法定比价为一千文钱值银一两。顺治中后期，因各地方钱局铸钱不精，为加强币制管理，顺治十四年（1657年）责令各地方钱局停止铸钱，仅由户部宝泉局独家开铸重达一钱四分的新钱，即"顺治通宝"背满文纪局名钱。之后工部宝源局也开始铸造这种新钱。钱背用满文，穿左纪"宝"字，穿右纪"泉"或"源"字局名。此次改制使清朝铸币摆貌了明朝铸币体系的影响而确立了自身的风格。顺治十七年（1660年）停铸一厘钱，改由各省府钱局更铸新钱，背文铸各省府局名，穿左为满文，穿右为汉文，重一钱西分。"顺治通宝"钱奠定了清代钱币的基础，其中背满文纪局名钱和背满汉文纪局名钱的形式一直沿用至清末，影响深远。

### 130. 顺治通宝（宝源）

2008 年济南和平路 M27 出土

直径 2.75、穿宽 0.54 厘米，重 3.6 克

背面穿左为满文"宝"字，穿右为满文"源"字，工部所造。

 **131. 顺治通宝（宝泉）**

2002 年济南山师东路 M2 出土

直径 2.75、穿宽 0.56 厘米，重 4.24 克

背面穿左为满文"宝"字，穿右为满
文"泉"字，户部所造。

### 132. 顺治通宝（宣）

2008 年济南和平路 M27 出土

直径 2.76、穿宽 0.57 厘米，重 3.93 克

背面穿左为满文"宣"字，穿右为汉字"宣"字，直隶宣府钱局所造。

### 133. 顺治通宝（临）

2008 年济南和平路 M27 出土

直径 2.69、穿宽 0.51 厘米，重 4.11 克

背面穿左为满文"临"字，穿右为汉字"临"字，山东临清镇钱局所造。

### 134. 顺治通宝（东）

2008 年济南和平路 M27 出土
直径 2.76、穿宽 0.52 厘米，重 4.06 克
背面穿左为满文"东"字，穿右为汉字"东"字，山东济南府钱局所造。

### 135. 顺治通宝（同）

1999 年平阴西山出土
直径 2.6、穿宽 0.47 厘米，重 3.27 克
背面穿右为汉字"同"字，山西大同府钱局所造。

### （二）康熙通宝

清康熙元年（1662 年）始铸。由户部、工部和各地方钱局铸造，户部宝泉局和工部宝源局制钱沿用顺治时期的背满文纪局的样式，地方制钱沿用背满汉文纪局样式。"康熙通宝"起初沿顺治旧制每文重一钱四分，以铜七铅三的比例配铸，康熙二十三年（1684年）减为一钱，铜料配比则改为铜六铅四，康熙四十一年（1702 年）又改回一钱四分。

**136. 康熙通宝（宝泉）**

2008 年济南和平路 M11 出土
直径 2.83、穿宽 0.56 厘米，重 3.78 克
背面穿左为满文"宝"字，穿右为满文"泉"字，户部所造。

**137. 康熙通宝（宝泉）**

2006 年济南县西巷政协大厦出土
直径 2.35、穿宽 0.51 厘米，重 3.48 克
七分钱。背面穿左为满文"宝"字，穿右为满文"泉"字，户部所造。由康熙四十一年即 1702 年户部宝泉局始铸，每文重七分，重约合 2.6 克、直径 2.3 厘米左右。与大制钱每文重一钱四分相并行使。

 **138. 康熙通宝（宝源）**

2002 年济南山师东路 M2 出土
直径 2.81、穿宽 0.53 厘米，重 4.2 克
背面穿左为满文"宝"字，穿右为
满文"源"字，工部所造。

 **139. 康熙通宝（宝源）**

2006 年济南县西巷政协大厦出土
直径 2.34、穿宽 0.54 厘米，重 3.27 克

七分钱。背面穿左为满文"宝"字，穿右为满文"源"
字，工部所造。康熙四十一年即 1702 年户部宝泉
局始铸，每文重七分，重约合 2.6 克、直径 2.3 厘
米左右。与大制钱每文重一钱四分相并行使。

### 140. 康熙通宝（东）

2008 年济南和平路 10 号基槽东壁出土
直径 2.66、穿宽 0.52 厘米，重 3.36 克
背面穿左为满文"东"字，穿右为汉字"东"字，山东济南府钱局所造。

### 141. 康熙通宝（浙）

2003 年济南县西巷 J1 出土
直径 2.67、穿宽 0.52 厘米，重 4.25 克
背面穿左为满文"浙"字，穿右为汉字"浙"字，浙江杭州府钱局所造。

### （三）雍正通宝

清雍正元年（1723 年）始铸。清世宗胤禛登基后，采取了一系列整顿币制的措施，规定各局所铸钱币一律采用背满文纪局名式，即穿左为"宝"字，穿右为局名简称，此成为以后各朝定制，并规定各省只准设立一个钱局。雍正五年（1727 年），将铸料配比改为铜铅各半。雍正十一年（1733 年），则将钱重由康熙旧制的一钱四分减为一钱二分，此制沿用百余年不变。此外，还以滇铜替代洋铜为主要铸钱原料，解决了长期困扰清政府的铸钱用铜问题。

### 142. 雍正通宝（宝泉）

2003 年济南县西巷 J1 出土

直径 2.72、穿宽 0.52 厘米，重 4.9 克

背面穿左为满文"宝"字，穿右为满文"泉"字，户部所造。

## 143. 雍正通宝（宝浙）

2008 年济南和平路出土

直径 2.73、穿宽 0.52 厘米，重 4.48 克

背面穿左为满文"宝"字，穿右为满文"浙"字，浙江杭州府钱局所造。

### （四）乾隆通宝

清乾隆年间（1736～1795年）铸，嘉庆初年也有鼓铸。乾隆以前的清代制钱以铜、铅、锌配制，称为"黄钱"。乾隆五年（1740年）规定在铸钱时加入少量锡，所铸出来的铜钱色青，称为"青钱"。"乾隆通宝"发行时间长，铸量大，版式多，重量沿袭雍正十一年的规定，每文重一钱二分。

### 144. 乾隆通宝（宝泉）

2003年济南县西巷 J1 出土
直径 2.32、穿宽 0.51 厘米，重 4.02 克
背面穿左为满文"宝"字，穿右为满文"泉"字，户部所造。

### 145. 乾隆通宝（宝源）

2001年济南泉城路出土
直径 2.31、穿宽 0.53 厘米，重 4.07 克
背面穿左为满文"宝"字，穿右为满文"源"字，工部所造。

### 146. 乾隆通宝（宝晋）

2001 年济南泉城路出土

直径 2.38、穿宽 0.53 厘米，重 4.08 克

背面穿左为满文"宝"字，穿右为满文"晋"字，山西太原府钱局所造。

### 147. 乾隆通宝（宝武）

2001 年济南泉城路出土

直径 2.43、穿宽 0.6 厘米，重 4.24 克

背面穿左为满文"宝"字，穿右为满文"武"字，湖北武昌府钱局所造。

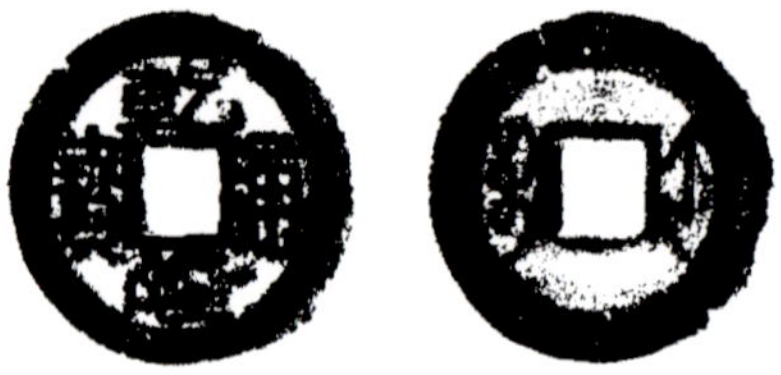

## 148. 乾隆通宝（宝浙）

2003 年济南县西巷 J1 出土
直径 2.33、穿宽 0.54 厘米，重 4.01 克

背面穿左为满文“宝”字，穿右为满文“浙”字，浙江杭州府钱局所造。

## 149. 乾隆通宝（宝云）

2003 年济南县西巷 J1 出土
直径 2.5、穿宽 0.54 厘米，重 3.16 克

背面穿左为满文“宝”字，穿右为满文“云”字，云南昆明府钱局所造。

### （五）嘉庆通宝

清嘉庆年间（1796～1820 年）铸，基本承袭"乾隆通宝"之制。嘉庆元年九月谕令鼓铸新钱应按照部颁式样以铜六铅四配铸，故初铸时钱重一钱二分，钱文清晰规整。其后由于财政开支加大，各地钱局铸造时往往偷斤减两、多掺铅锡，以致所铸钱币轻小脆薄、文字模糊，制钱质量下降，民间称之为"局私钱"。

### 150. 嘉庆通宝（宝泉）

2001 年济南泉城路出土
直径 2.39、穿宽 0.53 厘米，重 4.43 克
背面穿左为满文"宝"字，穿右为满文"泉"字，户部所造。

### 151. 嘉庆通宝（宝源）

2008 年济南和平路 47 号 M27 出土
直径 2.34、穿宽 0.51 厘米，重 3.7 克
背面穿左为满文"宝"字，穿右为满文"源"字，工部所造。

### （六）道光通宝

　　清宣宗道光年间（1821～1850年）铸。期间正值清王朝内外交困之际，鸦片的输入使得白银大量外流，银价陡增，而民间夷钱私钱盛行，钱价日贱。道光二十年（1840年）鸦片战争爆发后，各省钱局亏损严重，纷纷停铸，至道光二十一年仅剩宝泉、宝源、宝云、宝川等局勉强维持。从此，清朝的制钱制度日渐走向衰落。

**152. 道光通宝（宝泉）**

2001年济南泉城路出土

直径2.34、穿宽0.57厘米，重3.94克

背面穿左为满文"宝"字，穿右为满文"泉"字，户部所造。

### （七）光绪通宝

　　清德宗光绪年间（1875～1908年）铸行的货币。"光绪通宝"为传统翻砂铸币，钱文以真体为主，书法秀美挺拔，背文为满文纪局名，铸局较多，版别十分复杂。据史料记载，"光绪通宝"最初规定以铜六铅四的比例配铸，后改为铜54%、铅46%，但各省并没有严格按此执行，所铸钱成色多不足制，重量减少，铜钱贬值，通货膨胀，这加速了铜钱制度的崩溃，使其最终为铜元和银元所取代，退出了历史舞台。

### 153. 光绪通宝（宝东）

2008年济南和平路47号M13出土

直径2.18、穿宽0.41厘米，重3.62克

背面穿左为满文"宝"字，穿右为满文"东"字，云南省东川府钱局所造。

### (八) 光绪元宝银元

清代嘉庆年间发行新式银元，而光绪年间铸行金、银币更多。洋务运动也影响到铸币业，两广总督张之洞曾于光绪十三年(1887年)委托使英大臣在英国订购全套造币机器，并在广东钱局首铸机制银元和铜元。其后，各省纷纷仿效，购制国外机械铸造银、铜元。包括广东钱局在内，许多造币机均订购自著名的英国伦敦伯明翰造币有限公司。英国大工业的介入，使银币也沾染上西方色彩。钱币正面鲜然可见满汉文化的融合，而钱背却明确标示了西方文化的介入。

俗称"龙洋"，从光绪十五年（1889年）开始铸造，一直到光绪三十四年（1908年）光绪帝驾崩。以广东为先，湖北跟进，之后全国效仿，共有十七个省局铸造过：造币总厂、广东、湖北、北洋、江南、安徽、奉天/东三省、吉林、黑龙江、四川、浙江、福建、台湾、京局、湖南、云南、陕西。

光绪元宝银元，通常为五种面值：库平七钱二分（壹圆）、库平三钱六分（半圆）、库平一钱四分四厘（二角）、库平七分二厘（一角）、库平三分六厘（五分）。另外国内还有一种表示方法，比如7.2就是七钱二分，1.44就是一钱四分四厘，说江南1.44其实就是指江南省造光绪元宝库平一钱四分四厘银币。其中光绪元宝库平七钱二分为主币，即壹圆，其成色为含银96%～97%，剩余辅币成色递减，最小到82%左右。

另外，"库平"这个词，是指清政府收征租税，出纳银两所用衡量标准，订立于康熙年间，库平两为37.301克，库平七钱二分则理论为一两的72%，也就是26.86克，在实际铸造光绪元宝时，一般为26.7克或26.5克。

### 154. 光绪元宝银元（造币总厂）

直径 3.96、厚 0.24 厘米，重 26.6 克

正面珠圈内铸有满、汉文"光绪元宝"四字，珠圈外上有"造币总厂"四字，代表着造币的省份，下有"库平七钱二分"六字，在珠环与齿状装饰圈中间的上部，左右分别有两个凸起的防伪圆点。银币背面一条蟠龙，龙周围遍布朵朵龙云，正上方有"光绪年造"四个楷体字，下端英文"TAI-CHING-TI-KUO SILVER COIN."（大清帝国银币）字样。

### 155. 光绪元宝银元（北洋造）

直径 3.87、厚 0.24 厘米，重 26.72 克

正面珠圈内满汉文"光绪元宝"，圈外上环"北洋造"，下环"库平七钱二分"，左右各一圆点。银币背面一条蟠龙，龙周围遍布朵朵龙云，正上方有英文"34 YEAR OF KUANG HSU."（光绪三十四年），下端有英文"PEI YANG"（北洋）。

# 八　中华民国

## （一）袁像银元

清朝灭亡之后，1912 年 4 月袁世凯出任大总统。北洋政府鉴于当时铸币、纸币十分复杂，流通的中外货币在百种以上，规格不一，流通混乱，折算繁琐，民众积怨，同时也想借助货币改制以解决军费问题，便决定铸发国币。袁世凯为了提高自己的统治地位，把他的头像铸于币面，"袁大头"由此而来。

1914 年 2 月 7 日，袁世凯以大总统令形式公布了《国币条例》及《国币条例施行细则》，其主要内容是规定钱币的铸造发行权归民国政府所有，原先的各个官局所铸造发行的壹圆银元，由民国政府兑换并改铸，国币中的主币是壹元银圆，其重量是库平纯银 6 钱 4 分零 8 毫（6.408 钱），材质是银占 89%，铜占 10%，锡占 1%，一枚成品银元的重量是 7 钱 2 分。规定国币种类有银币 4 种（壹圆、中圆、贰角、壹角）、镍币一种（五分）、铜币五种（二分、一分、五厘、二厘、一厘）。正面镌袁世凯侧面头像及发行年号，背面铸嘉禾纹饰与币值。《国币条例》公布同年先在天津造币厂铸造"袁大头"壹圆银币，后在南京、广东、武昌等造币厂陆续铸造。

因"袁大头"壹圆银元币型规整，成色、重量有严格规定，很快受到了社会认同和接受，在国内金融市场上逐步取代了清朝的"龙洋"，成为流通领域的主币。铸造跨度从 1914 年至 1929 年，总发行量超过 7.5 亿枚。该系列币分别重 26.6、13.3、5.3、2.6 克，成色分别为 89.1%、84.5%、80.4% 和 82.5%，该币的外环主要是直齿边，另外，还铸有少量工字边和花齿边。

**156. 袁像壹圆银元（民国三年）**

直径 3.89、厚 0.24 厘米，重 26.83 克

正面为袁世凯侧面肖像，上方是"中华民国三年"纪年，字体从右向左排列。背面中央为"壹圆"纪值及嘉禾图案，外有一圈珠点纹。

**157. 袁像壹圆银元（民国八年）**

直径 3.83、厚 0.24 厘米，重 26.93 克

正面为袁世凯侧面肖像，上方是"中华民国八年造"纪年，字体从右向左排列。背面中央为"壹圆"纪值及嘉禾图案，外有一圈珠点纹。

**158. 袁像壹圆银元（民国九年）**

直径 3.89、厚 0.27 厘米，重 26.87 克

正面为袁世凯侧面肖像，上方是"中华民国九年造"纪年，字体从右向左排列。背面中央为"壹圆"纪值及嘉禾图案，外有一圈珠点纹。

**159. 袁像壹圆银元（民国十年）**

直径 3.85、厚 0.24 厘米，重 26.63 克

正面为袁世凯侧面肖像，上方是"中华民国十年造"纪年，字体从右向左排列。背面中央为"壹圆"纪值及嘉禾图案，外有一圈珠点纹。

### （二）孙像开国纪念币银元

1912 年 1 月 3 日，中华民国政府成立，由于币制尚未建立，除四川改铸大汉银币，福建改铸中华元宝外，主要的造币厂，大都仍沿用前清钢模铸造银币，以供流通需要。孙中山令财政部行文，同意鼓铸纪念币，并命令其余的通用银币新花纹，"中间应绘五谷模型，取丰岁足民之义，垂劝农务本之规"，训令财政部速制新模，分令各省造币厂照式鼓铸。不久，财政部就颁下新模给江南（南京）、湖北、广东等造币厂依式铸造，这就是"孙像开国纪念币"的由来。

俗称"孙小头"，该币作为中华民国国币发行，流通甚广，数量较多。孙像开国纪念币银元，并非都是民国元年铸造。民国十六、十七年南京和天津造币厂均有铸造，但采用的全是"中华民国开国纪念币"的年代。孙像开国纪念币银元，由于铸造厂家不一，铸造年代不同，雕刻师英语水平不高，除正背面主要图案未变外，其花饰细节、英文字母均有变异，特别是英文字母差错较多。这就形成了该币的多种版别。

### 160. 孙像开国纪念币银元

直径 3.88、厚 0.24 厘米，重 26.03 克

正面为孙中山侧面肖像，双圈内为一线圈，外为珠点圈，上下缘隶书"中华民国""开国纪念币"，左右为长枝花纹饰。背面中央为隶书"壹圆"及嘉禾，双圈外缘上下英文"MEMENTO（纪念）""BIRTH OF REPUBLIC OF CHINA（中华民国诞生）"，左右分列六角星纹。

### （三）孙像帆船银元

1933 年 3 月，国民党政府财政部颁布了《废两改元令》和《银本位铸造条例》，决定结束各省分铸银元的局面，将银币的铸造权收归于设在上海的中央造币厂，并决定先从上海实施废两改元，规定从当年 4 月 6 日起，所有公私款项的收付，须一律改用银币，不得再用银两交易。同年，一种新式的银币——"孙像帆船银元"开始在上海中央造币厂铸造。"孙像帆船银元"币设计新颖，铸工精湛，银元直径 3.94 厘米，重量为 26.69 克，成色 88%，含纯银达 23.49 克。

俗称"船洋"，是民国时期南京政府发行的银本位币。"船洋"发行后，在市场上深受民众欢迎，并和"袁大头""孙小头"一起逐渐取代了流通于市面的各式"龙洋"和外国银元。直至 1935 年国民党政府实行法币政策，禁止银元流通为止。

**161. 孙像帆船银元（民国二十二年）**

直径 3.95、厚 0.23 厘米，重 26.25 克

正面为孙中山侧面头像，上方"中华民国二十二年"字样从右向左排列。背面为行驶于大海中的双桅帆船，海浪波涛汹涌，两边分开书写"壹圆"大字。

## 162. 孙像帆船银元（民国二十三年）

直径 3.95、厚 0.24 厘米，重 26.67 克

正面为孙中山侧面头像，上方"中华民国二十三年"
字样从右向左排列。背面为行驶于大海中的双桅帆
船，海浪波涛汹涌，两边分开书写"壹圆"大字。

### （四）铜元

民国初年整顿币制，对辅币作了具体说明。民国元年（1912 年）三月，当局即令制大总统肖像纪念铜币，并分令各省造币厂"照式鼓铸"。天津造币厂根据指令，制造了袁世凯共和十文铜元开国纪念币，面为袁世凯戎装半身像，背书"中华民国、共和纪念、十文"，配以嘉禾图案。此后湖北、安徽等省也相继制造，正面为"五色国旗"相交"十八星军旗"，上书"中华民国"，下书"开国纪念币"，背面外圈书英文"中华民国、十文"，中间嘉禾图案配以面值"十文"；字体、花纹、珠圈等，多有不同版别。同时还试制过当二十文和五文的铜元，但未正式发行。

民国三年公布《国币条例》，对铜元种类、重量、成色作了详细规定。民国五年（1916 年），当局制造了二分、一分、五厘三种面值的嘉禾圆孔铜辅币，币面书"中华民国五年"及对银元作价的比值，背面为方祺嘉禾图。其中二分的未正式流通使用。民国十六年（1927 年）国民政府建都南京，次年通过《国币条例草案》，确定铜辅币有一分和半分两种。民国二十二年（1933 年）废两改元，三月，中央造币厂开工又制行了嘉禾圆孔铜辅币，有二分、一分两种面值，币面上方为"中华民国二十二年"。民国二十四年（1935 年）十一月实行法币政策，禁止银元和旧铜元的流通，民国二十五年（1936 年）一月，颁布《辅币条例》，规定辅币有镍币和铜币两种，铜币以分为单位，作为法币的辅币，结束了以制钱为单位的辅币制度，使混乱了数十年的币制逐渐趋于统一。据此民国二十五年制造了一分、半分铜辅币，正面中间为古布币图案，两侧为"壹分"或"半分"的面值；背为国民党党徽及制造年份。次年继续制一分铜元，图案未变，只改年号。另天津造币厂亦仿制过古布铜元，其中少量试制品上添制有"平"字、"京"字的标志。民国二十六年（1937 年）中央造币厂内迁重庆。民国二十七、二十八年的一分古布铜辅币，改由重庆中央造币厂等西南地区造币厂制造。在民国二十八年一分铜辅币中，少量古布图案下书有"桂"字，当为广西制造。民国二十九年重庆中央造币厂根据修正的《辅币条例》规定，制造二分、一分两种面值的铜辅币，图案同前，面值简书为"二分""一分"。民国三十年续制铜元，仅见面值二分的一种。民国三十七年（1948 年），国民政府发行金圆券。金圆券的最小面值辅币为"一分"铜元，由恢复生产的上海中央造币厂制造。图案沿用古布、党徽图，注明"中华民国三十七年"。

民国时期地方发行的铜元也很混乱，江西、广东、广西、安徽、福建、河南、甘肃、四川、湖南、云南、贵州、新疆、西藏以及东三省等，都打制过铜元，各地所制，花样百出，不胜枚举。

**163. 壹分铜元（民国二十六年）**

2003 年济南县西巷出土

直径 2.59、厚 0.13 厘米，重 6.39 克

正面中心是国民党党徽图案，上方环写 "中华民国二十六年" 字样；背面中间是古钱 "布币" 图案，两边分铸币值 "壹分" 二字。钱币正背两面沿边雕回形纹，寓意吉祥。

# 九　外国银元

## 英国贸易银元

19 世纪末帝国主义列强掀起了瓜分中国的狂潮。清政府腐败无能，无法抵御外敌侵略，先后与外国列强签订了一系列不平等条约，使中国沦为半封建半殖民地社会。外国列强为了在华争夺利益，几十个国家的银元先后涌入中国，通过不公平贸易，换取我国大量白银。

1895 年，英国政府利用印度孟买、加尔各答的造币厂铸造了新的贸易银元，俗称"站洋""站人"。"站洋"银元先后在英国伦敦、印度孟买和加尔各答等两国三地制造，集英文、中文、马来文等三国文字于一体，这在世界铸币史上是非常罕见的。特别是将中国古老的篆字记于外币之上，令人啼笑皆非。它不仅反映了一段扭曲的历史，而且反映了英国及其英殖民地国家，一个特殊时期的政治、经济、文化、书法的发展变化。所以，"站洋"远远超过一个国家，一种银币的文物价值。"站洋"银元图案精美，内涵深邃。"站洋"银元含银量一般是在 89% ～ 90%，一般直径 3.8 ～ 3.9 厘米，重量 26.5 ～ 27 克。最初流通于粤、桂两省，1900 年以后北方开始使用，京、津地区较为流行。

**164. 英国贸易银元（1912 年）**

直径 3.89、厚 0.24 厘米，重 26.89 克

正面中央是海洋女神侧身站立像，其右手持三叉戟，左手扶盾，盾面绘有英国国旗标志；
背影远方为一艘行驶在大海中的英国三桅帆船，珠圈下左右两侧分列英文 ONE　DOLLAR
（壹圆），下方记载"1912"年号。背面中央有中文篆体"寿"字，上下为中文"壹圆"，
左右为马来文"壹圆"，周围用环形曲线包围，银币的正背两面边缘均铸一圈几何折线。

# 后 记

　　本书是济南市考古研究院（原济南市考古研究所）自 1997 年成立至 2020 年，二十多年来考古发掘出土古代货币的成果汇总，同时，也是第一次对济南地区历代古钱的系统收录和初步研究，其目的是对院藏文物进行系统整理与研究、出版，以图书形式让各类珍贵文物走出库房、走向社会。一方面向读者展示多年以来济南地区的考古成果，揭示济南市的历史发展脉络，另一方面弘扬古代济南地区、乃至中华民族精彩的文化成就、高超的生产工艺，从而进一步凝聚伟大的民族精神，展现深厚的文化自信。

　　本书由李铭、郭俊峰策划。书稿撰写期间，恰逢济南市开始执行考古前置工作，田野任务十分繁重。郭俊峰同志承担了本书编纂的外联协调工作，对书稿多次提出修改意见。邢琪同志大多数时间奋战在田野工作一线，只能利用业余时间或夜间加班来进行撰稿工作。刘丽丽、郝素梅、杨阳同志不厌其烦地逐个挑选器物，何利、房振、刘秀玲等同志积极提供相关资料，丁文慧、胡娟承担校稿工作，郝颖、董方敏、唐广交、邓文飞等同志对出土货币进行清理和除锈，郭俊峰、邢琪、邓文山、邓文龙、毕冠超、韩允宇等同志承担拓片工作。张冰、郝素梅、邢琪、杨阳、郭俊峰完成器物拍照工作。文物出版社责任编辑秦彧积极协调出版事宜，对本书体例和内容撰写提出多项建议。

　　在此，对所有参与本书出版工作的同志表示真诚的感谢。

　　由于作者水平所限，书中内容可能有所不足，敬请广大读者批评指正。

2021 年 10 月 30 日